Eiscreme selbermachen

Thuri Maag

Eiscreme selbermachen

Köstlich – marktfrisch – gesund

MIDENA

Die Deutsche Bibliothek – CIP-Einheitsaufnahme

Maag, Thuri:
Eiscreme selbermachen : köstlich – marktfrisch – gesund /
Thuri Maag. – Küttigen/Aarau : Midena-Verl. ; Augsburg :
Weltbild-Verl. 1996
ISBN 3-310-00222-5

Berechnungen für Diabetiker:
Ursula Siegrist-Hünerfauth, dipl. Ernährungsberaterin, Seengen

Alleinvertrieb für Deutschland:
WELTBILD VERLAG GmbH
Steinerne Furt 68–72, 86167 Augsburg

Dritte, vollständig überarbeitete Auflage 1996

Gestaltung Umschlag: Dora Hirter, Birrwil
Gestaltung Inhalt, Layout und Strichzeichnungen:
Dora Wespi, Luzern
Foodbilder: Fotostudio Kurmann und Urech, Suhr
Satz: Kneuss Satz AG, Lenzburg
Fotolithos: Litho 2000 AG, Basel
Herstellung: Neue Stalling, Oldenburg

ISBN 3-310-00222-5

Inhalt

Inhalt

Inhalt

Inhalt

Die Rezepte sind, wo nicht anders vermerkt, für 4 Personen berechnet.
EL = Eßlöffel
TL = Teelöffel
1 gestrichener Eßlöffel künstlicher Süßstoff = 1 g

Vorwort

Es sei nicht zuviel versprochen. Eine kulinarische Sternstunde erwartet all jene, die den ersten Schritt wagen und ihr Eis selber herstellen: Sorbets und Eis, die uns mit dem untrügerischen Aroma von frischen Beeren und Früchten, von feiner Schokolade und feinem Karamel ... verwöhnen. Selbstgemachtes Eis zergeht auf der Zunge und hinterläßt im Gaumen keinen unangenehmen Geschmack.
Sorbets und Eis passen gut in die natürliche Naturküche. Die kalten Köstlichkeiten – wenn Früchte im Spiel sind – werden ausnahmslos aus Saisonprodukten hergestellt, und dies 12 Monate im Jahr. Der Aufwand ist klein, das Resultat überzeugend: selbstgemachtes Eis hat keine Konkurrenz.

Eis-Abc

Abricotine
Destillat von Aprikosen

Armagnac
Edler Weinbrand aus Frankreich. Wird wie Cognac hergestellt.

Aromastoffe
Natürliche Aromaträger sind Früchte, Nüsse, Kräuter mit starkem Eigengeschmack, Kakaopulver, karamelisierter Zucker, Gewürze wie Ingwer, Zimt, Vanilleschote usw.

Batida de Coco
Brasilianischer weißer Kokosnußlikör

Blue Curaçao
Blauer Orangenlikör

Cassis
Saft der schwarzen Johannisbeere. Erlangte dank dem gleichnamigen Likör und dem Kir Royal (Cassislikör mit Champagner) Weltruhm.

Chantilly
Gesüßte(r), mit Vanille leicht aromatisierte(r) Schlagsahne/Schlagrahm

Cointreau
Likör auf der Basis von Apfelsinen-/Orangenschalen

Cognac
Edler Weinbrand aus Wein gewonnen. Im Eichenfaß gelagert und gereift. Der Name «Cognac» ist geschützt. Nur Weinbrand aus den Departementen Charente und Charente Maritime (F) dürfen den Namen verwenden.

Couverture
Schokolade mit hohem Fettanteil und deshalb leichter zu verarbeiten. Erhältlich im Fachgeschäft, in der Konditorei und in der Bäckerei.

Crème fraîche
Dickflüssige(r) saure Sahne/Sauerrahm mit hohem Fettanteil (30–40%). Eine Gaumenfreude sind jene Produkte, die ohne Zusatzstoffe auskommen und unpasteurisiert sind.

Diabetiker
Die für Diabetiker geeigneten Rezepte wurden mit Süßpulver mit folgender Zusammensetzung ausprobiert: Malteodextrin 86,6%, Süßstoffe Cyclamat 8,6% und Saccharin 0,9%, Genußsäure 3,5%, Antiklumpmittel 0,4%. Die Berechnungen basieren auf der Teuscher Tabelle, 6. Auflage, 1989. Kristallzucker und Honig haben nebst dem Süßen die Fähigkeit, das Eis weich zu halten. Dies ist bei künstlichem Süßstoff nicht der Fall. Frisch zubereitetes Eis ist zwar von sämiger Konsistenz, im Tiefkühler wird es aber hart. Empfehlung: Eis vor dem Verzehr im Kühlschrank «antauen» lassen. Eis so portionieren, daß es nicht mehr eingefroren werden muß.

Eis, hart
Zu kleiner Süßstoffanteil

Eis, weich
Zu großer Süßstoffanteil

Eisbombe
Eine oder mehrere Eissorten werden in einer Halbkugel (Eisbombe) gefroren.

Eismaschine
Will man die Bezeichnung «Creme» wörtlich nehmen (ein Eis von sahnig-cremiger, luftiger Beschaffenheit erhalten) und vorwiegend mit Frischprodukten (Früchte/Beeren) arbeiten, dann braucht man eine Eis- oder Sorbetmaschine (Ausnahmen: Parfaits, Eissoufflés, geeiste Sabayon, mit gefrorenem Fruchtmark hergestelltes Sorbet/Eis). Eis, das in einem Behälter im Gefrierfach gefroren wird, mag vielleicht bei erstklassigen Rohprodukten geschmacklich befriedigen, auf der Zunge sind die vielen großen Eiskristalle der gefrorenen Süßspeise in jedem Fall äußerst unangenehm und haben mit Eiscreme nichts zu tun.

Eismaschine (Anschaffung)
Bevor man sich im Elektro- oder Spezialgeschäft umsieht, die eigenen Bedürfnisse abklären:
1. Wird die Eismaschine häufig oder nur sporadisch gebraucht?
2. Inhaltsmenge des Eisbehälters/der Eisbehälter.
3. Verfügbarer Raum im Tiefkühler: Es sollte genügend Platz vorhanden sein, um das Kühlelement/die Kühlelemente im Tiefkühler aufbewahren zu können. Nur so kann man spontan

 Abb. «Geburtstagsclown» s. Hinweise Seite 102

Happy Birthday
Michel

und in kurzer Zeit ein Eis zubereiten. Der für das Element benötigte Platz wird später für das Eis gebraucht. Das Eis muß in den allermeisten Fällen im Tiefkühler nachgefroren werden (es hat normalerweise die Konsistenz von Soft-Eis), will man es mit der Eiszange oder einem Eislöffel portionieren.
Im Handel sind auch Eismaschinen erhältlich, die ohne Kühlelemente arbeiten (wesentlich teurer) und auch professionelle Geräte, die das Eis noch luftiger machen und in kürzerer Zeit herstellen.

Flambieren
Parfaits oder Soufflés mit hochprozentigem Alkohol (Cointreau, Grand Marnier usw.) übergießen und anzünden.

Fruchtmark (gekochte Früchte)
Stein- und Kernobst je nach Rezept und Fruchtart schälen, entkernen oder entsteinen. Ohne Wasserzugabe (je nach Rezept mit oder ohne Süßstoff) weichkochen. Früchte pürieren und durch ein Chromstahlsieb (ein Drahtsieb eignet sich wegen der Oxidation nicht) streichen.

Fruchtmark (aus frischen Früchten)
Frische Beeren (Brombeeren, Heidelbeeren, Himbeeren, Holunderbeeren, Stachelbeeren, Erdbeeren, Johannisbeeren) pürieren, durch ein Chromstahlsieb (ein Drahtsieb eignet sich wegen der Oxidation nicht) streichen. Im Sieb bleiben Häutchen und Steinchen zurück. Roh verarbeiten lassen sich auch Melonen, Bananen, Kiwis, Birnen, Orangenmark, Passionsfrüchte.

Fruchtpüree/Fruchtsauce
Rohe und gekochte Früchte gleich wie Fruchtmark zubereiten. Wird als Sauce verwendet (um einen Spiegel auf den Teller zu machen oder um das Eis damit zu überziehen).

Fruchtsaft
Saft von Zitrusfrüchten (Orangen, Mandarinen, Nektarinen, Zitronen)

Früchte, frisch
Frische Früchte gibt es das ganze Jahr.
Bei der Herstellung von Eis das saisonale Angebot berücksichtigen: Eis aus reifen Saisonfrüchten hat mehr Aroma und ist erst noch wesentlich kostengünstiger.

Früchte, gefroren
Tiefkühlprodukte verlieren durch die Lagerung kontinuierlich an Aroma. Deshalb: gefrorene Früchte und Beeren nicht zu lange lagern. – Für die Eisherstellung Beeren am besten vor dem Tiefgefrieren pürieren und durch ein Sieb streichen. Gefrorenes Fruchtmark im Mixer/Cutter pürieren. Süßstoff, Sahne/Rahm und Gewürzmittel darunterrühren. Servieren (nicht mehr tiefgefrieren).

Früchte, konserviert
Konservierte Früchte – unabhängig von der Einmachmethode – verlieren durch die Haltbarmachung und Lagerung an Aroma. Deshalb: eingemachte Früchte nicht zu lange lagern. – Für die Eisherstellung Früchte gut abtropfen lassen. Weiterverarbeitung: siehe Fruchtmark/Fruchtpüree aus rohen Früchten.

Gefrierdauer
Die Gefrierdauer ist abhängig von der Temperatur der verwendeten Zutaten (sie sollten nach Möglichkeit Kühlschranktemperatur haben). Bei Verwendung einer Eismaschine spielt auch die Zimmertemperatur eine Rolle. Je höher die Raumtemperatur, desto länger dauert der Gefrierprozeß.

Gewürztraminer
Weintraube mit viel Geschmack. Das gleiche kann man vom Wein sagen, der sehr würzig ist. Ideal für Sorbets und warme Süßspeisen.

Granité
Körniges Wassereis aus Fruchtsaft oder anderen Getränken. Eine der ältesten und einfachsten Eisspezialitäten. Ursprünglich wurde zerkleinertes Natureis (oder im Winter Schnee) mit Fruchtsaft übergossen. In der Karibik und im Orient bieten Eisverkäufer heute noch vom Block geschabtes Eis mit farbigem Sirup in den Strassen an.

Granité au Champagne
Ein tiefes Geschirr (am besten ein Chromstahlgeschirr) mit Puderzucker bestäuben. Champagner 2 cm hoch einfüllen und gefrieren lassen. 2 bis 3mal stündlich umrühren. Das Champagnereis mit einem Löffel abschaben und in vorgekühlte hohe Gläser füllen. Mit wenig gekühltem Champagner übergießen.

Grand Marnier
Likör auf der Basis von Orangendestillat und Cognac

 Abb. «Eis-Symphonie» s. Hinweise Seite 91

Haltbarkeit
Das Eis immer in einer gut schließenden Tiefkühldose aufbewahren. Eine lange Tiefkühlzeit bekommt Eis aus natürlichen Zutaten, das frei von Zusatzstoffen (siehe Zusatzstoffe) ist, schlecht: es verliert bei längerer Lagerung sein ausgeprägtes Aroma. Durch den Feuchtigkeitsverlust (alle Tiefkühlprodukte sind davon betroffen) wird das Eis spröde.

Honig
Der Honig hat je nach Sorte einen mehr oder weniger ausgeprägten Eigengeschmack. Die «Toleranzgrenze» ist fließend. Grundsätzlich kann gesagt werden: der äußerst geschmacksneutrale Akazienhonig aus Wildblüten kann außer für Blütensorbets (für Blütenaromas ist er zu dominant) für alle Eissorten verwendet werden. Für Eiscreme (mit Früchten und Aromastoffen) lohnt sich auch ein Versuch mit Blüten- und Waldhonig, um die persönlichen Vorlieben kennenzulernen.
Nachteile: Durch das Erhitzen werden die wertvollen Inhaltsstoffe (Enzyme) weitgehend zerstört. Der Honig ist im Vergleich zu Kristallzucker sehr teuer.

Ingwer
Braune Knolle mit exotischem Einschlag. Erhältlich in Frischkostläden und auch in Supermärkten. Der Ingwer ist ziemlich grobfaserig, deshalb immer fein reiben (Bircherreibe).

Japonaisgebäck
Luftiges Eiweißgebäck mit geriebenen Haselnüssen oder Mandeln. Kleiner Mehlanteil.

Karamel
Zucker in einem hoch hitzebeständigen Kochgeschirr (am besten in einer Gußeisenpfanne) flüssig machen. Sobald die Zuckermasse Farbe annimmt, weiterverarbeiten.

Keimvermehrung
Vor allem Eiscreme (auf Milchprodukte- und Eibasis) ist ein guter Närhboden für die Keimvermehrung. Dagegen hilft nur: 1. Auf absolut sauberes Geschirr achten. 2. Erhitzte Zutaten im Eiswasser (Wasser mit Eiswürfeln) abkühlen und zur weiteren Kühlung zugedeckt in den Kühlschrank stellen. 3. Das fertige Eis bei nicht sofortiger Verwendung in ein gut schließendes Tiefkühlgeschirr füllen und in den Kühlschrank oder in den Tiefkühler stellen. 4. Selbstgemachtes Eis möglichst rasch konsumieren.

Kühlaggregate (Eismaschine)
Kühlaggregate im Tiefkühler aufbewahren.
Nur so kann man spontan sein Eis zubereiten.

Marc
Ein Destillat aus vergorenem Traubentrester

Marie Brizard
Likör mit Anisaroma. Zum Parfümieren von Parfaits

Marillenschnaps
Österreichische Bezeichnung für Aprikosenschnaps

Marsala
Hochgrädiger süßlicher Aperitif- und Dessertwein aus Sizilien

Meringuemasse
Schaumgebäck aus Eischnee und Zucker. Die Eiweißmasse entweder mit einem Spritzsack auf ein mit Backpapier belegtes Blech spritzen oder mit einem Eßlöffel Häufchen auf das Papier setzen. Im Ofen bei 70 bis 100 °C langsam trocknen lassen.

Milch
Frischmilch oder pasteurisierte Milch verwenden. Je höher der Fettgehalt der Milch (Vollmilch), desto feiner und cremiger das Eis.

Nougat
Masse aus geriebenen, gerösteten Haselnüssen oder Mandeln sowie Honig, Zucker, Kakaobutter.

Omelette surprise
Biskuitboden auf feuerfeste Platte legen. Mit Likör beträufeln. Fruchtsalat darauf verteilen. Eiscreme oder Sorbet pyramidenförmig darauf anrichten. Mit Eischnee bedecken. Glattstreichen und garnieren. Im vorgeheizten Ofen auf Grillstufe kurz überbacken.

Parfait
Halbgefrorenes. Läßt sich sehr gut ohne Eismaschine herstellen. In der Regel auf Eibasis (ganze Eier und Eigelbe). Die Eier werden zusammen mit dem Süßstoff zuerst warm (im heißen Wasserbad) und dann kalt (Wasser mit Eiswürfeln) geschlagen. Dazu kommen Schlagsahne/Schlagrahm und ein Aromaträger (Früchte, Nüsse, Likör, Wein, Schokolade).

Passieren/Durchdrücken
Siehe Spitzsieb

 Abb. «Eispalette» s. Hinweise Seite 91

Pêche Melba
Eine der berühmtesten und besten Eisspezialitäten, würde man sie nach dem Originalrezept von August Escoffier zubereiten:
«Man nehme gut reife, weiße Pfirsiche, tauche sie in kochendes Wasser, schrecke sie sofort im Eiswasser (Wasser mit Eiswürfeln gekühlt) ab und schäle sie vorsichtig (nur unreife Früchte kochte Escoffier in einem leichten Zuckersirup). Die halbierten Pfirsichhälften auf bestes, feines Vanillerahmeis anrichten und mit frischem gesüßtem Himbeerpüree übergießen. Die Süßspeise verdankt ihren Namen der Tänzerin Nelly Melba. Im Originalrezept wird weder Schlagsahne/-rahm noch eine andere Dekoration verwendet.

Porto
Portwein. Kommt aus Portugal. Während der Gärung wird dem Portwein Alkohol zugesetzt, mit dem Ziel, daß der natürliche Zucker nicht gänzlich in Alkohol umgewandelt wird. Deshalb ist der Portwein süßer als andere Weine.

Pürieren
Beeren und Früchte, gekocht und roh, im Mixerglas oder mit einem Stabmixer zu einer dickflüssigen Masse verarbeiten.

Quark
Im Handel erhältlich ist Quark, der je nach Fettanteil deklariert wird. Reformhäuser/Spezialgeschäfte bieten auch Frischquark aus Frischmilch an: ein Versuch lohnt sich. Er ist von der Beschaffenheit her feiner als herkömmlicher Quark und hat ein unverfälschtes milchiges Aroma.

Sabayon
Schaumcreme mit Südwein, Champagner oder Likör (Zutaten: Eigelb, Zucker, Flüssigkeit). Wird durch das Schlagen im heißen Wasserbad zu einer luftigen, cremigen Masse.

Sauberkeit
Darauf achten, daß Geräte und Küchenutensilien absolut sauber sind (siehe Keimvermehrung). Deshalb sämtliches «Werkzeug» vor Gebrauch heiß spülen.

Sherry
siehe Xérès

Sliwowitz
Destillat von süßen Pflaumen

Spitzsieb, Chromstahl
Zum Passieren (Durchdrücken) von pürierten Fruchtmassen, die für die Eisherstellung noch zu wenig fein sind. Ziel ist, Fruchtsteinchen, Häutchen usw. vom Fruchtmus/-saft zu trennen. Zum Durchdrücken eignet sich ein robuster Suppen- oder Saucenlöffel. Im Sieb bleibt nur das zurück, was nicht verwertet werden kann.

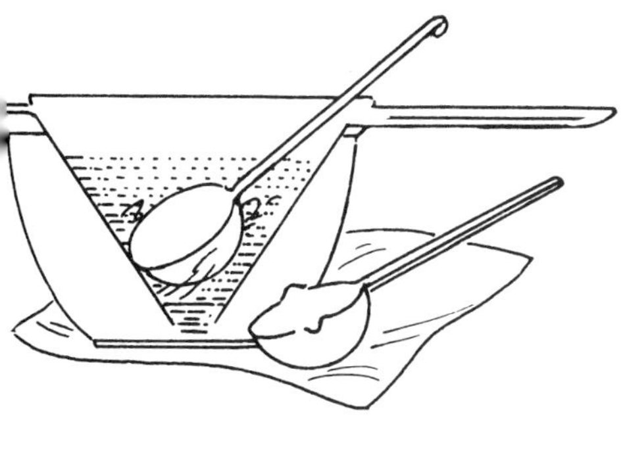

Spoom
Sorbet mit Eischnee. Das fast gefrorene Sorbet wird mit leicht gesüßtem Eischnee (steifgeschlagenes Eiweiß) gemischt. Spoom in einen Spritzsack füllen und in hohe Gläser spritzen.

Süßstoff, künstlich
siehe «Diabetiker»

Süßstoffmenge
Bei Eis, gleich welcher Art, spielt der Zucker eine wichtige Rolle. Zuviel Zucker macht das Eis zu weich, zu wenig Zucker zu hart. Das Eis soll leicht süßer sein, als man es eigentlich wünscht. Korrigiert werden kann bei den «Begleitern» (Fruchtsaucen, Fruchtmark, Früchte), die man sparsam oder gar nicht süßt. Beides zusammen, Früchte und Eis, sollen ein harmonisches Ganzes geben.
Die Zuckermenge kann in folgenden Fällen reduziert werden: bei einem Sorbet, das sofort serviert wird; wenn für die Zubereitung Alkohol (Likör, gebranntes Wasser) verwendet wird. Alkohol macht Eis weicher.

Temperatur der Zutaten
Alle Zutaten sollen die gleiche Temperatur (Kühlschranktemperatur) haben. Erhitzte oder gekochte Lebensmittel zugedeckt bei Raumtemperatur auskühlen lassen und dann für rund 2 Stunden in den Kühlschrank stellen (Fruchtpüree/Fruchtmark kann man auch für kurze Zeit in den Tiefkühler stellen). Vorteil: Die Zutaten binden besser, man erhält ein Eis von feinerer Beschaffenheit. Der Gefrierprozeß wird dadurch wesentlich verkürzt.

Tiefkühlgerät
Zum Aufbewahren von Eis ist eine Temperatur von mindestens – 18 °C notwendig.

UHT-erhitzte (uperisierte) Milchprodukte
Bei diesem Haltbarkeitsverfahren wird das Milchprodukt auf rund 150 °C erhitzt. Leider werden bei diesem Prozeß nicht nur die Mikroorganismen abgetötet, sondern auch die Vitamine größtenteils zerstört. Der Geschmack des Naturproduktes geht weitgehend verloren. Deshalb: anstelle von UHT-Produkten pasteurisierte oder Frischprodukte verwenden.

Vervaine
Eisenkraut. Wird vor allem für Tee verwendet.

Wald- und Wildbeeren
Vor dem Pürieren wegen Infektionsgefahr (Fuchsbandwurm) unbedingt auf 70 °C erhitzen. Übrige Verarbeitung siehe «Fruchtmark aus rohen Früchten».

Williams
Destillat aus vergorener Maische von Williamsbirnen

Xérès-Sherry-Jerez
Drei Namen, ein Produkt. Als Aperitif und Dessertwein weltweit bekannt. Der Weißwein aus Andalusien/Spanien ist beliebt zum Parfümieren von Halbgefrorenem (Sabayon).

Zucker
Für Blütensorbets brauchen wir Kristallzucker, da

selbst der geschmacksneutrale Akazienhonig das Blütenaroma beeinträchtigt. – Die gesundheitlichen Vorteile des Honigs sind unbestritten. Grundsätzlich kann gesagt werden, daß bis auf das Blütensorbet alle Eissorten problemlos mit Honig hergestellt werden können. In der Zubereitung ändert sich nichts. Siehe auch Honig.

Zusatzstoffe
Selbstgemachtes Eis aus natürlichen Zutaten ist frei von jeglichen Zusatzstoffen. Es kann auf all die Hilfsmittel verzichten, die bei industrieller Eisproduktion zwingend sind: Aroma- und Geschmacksverstärker, Konsistenzverbesserer (damit das Eis cremig bleibt und auf der Zunge vergeht), Stabilisatoren, Emulgatoren, optische Verbesserer (Farbstoffe) usw. Das Resultat ist ein gesundes, bekömmliches, aromatisches Eis. Kleiner Nachteil: selbstgemachtes Eis sollte nur kurze Zeit aufbewahrt werden (siehe Haltbarkeit).

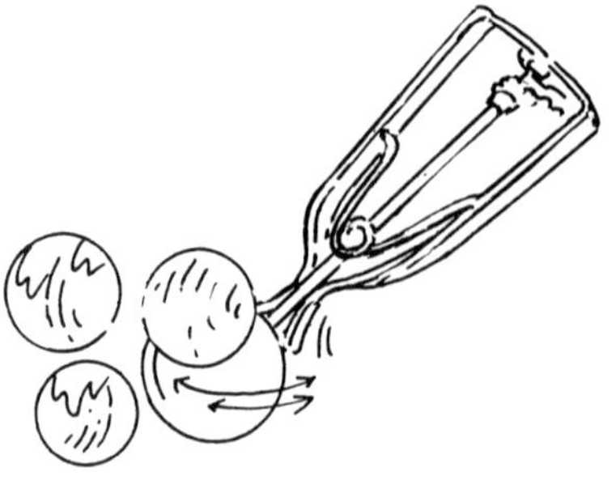

Die Eismaschine

Ein Eis, das aus dem Tiefkühler kommt, soll von sämiger Konsistenz sein und auf der Zunge zergehen. Nur so ist es ein echter Genuß.
Diesen Anspruch stellen wir selbstverständlich auch an hausgemachtes Eis, das im Gegensatz zum Industrieprodukt ohne Zusatzstoffe auskommt.
Was wir in vielen Fällen brauchen – das haben die «Eistests» bestätigt –, ist eine Eismaschine.
Bei einem Sorbet oder Eis ist der Wasseranteil relativ hoch. Der Honig/Zucker hat zwar die Fähigkeit, Eis weich zu machen, doch auch dem Süßstoffanteil sind obere Grenzen gesetzt.
Wollen wir verhindern, daß sich bereits beim Einfrieren große Eiskristalle bilden, muß die Masse während des Gefrierprozesses ständig bewegt werden. Diese Arbeit kann nur eine Eismaschine verrichten. Parfaits und geeiste Sabayons haben einen kleinen Wasseranteil.
Sie enthalten nebst Frucht-/Aromastoffen einen großen Anteil Sahne/Rahm und Eier. Die Zusammensetzung und die eher aufwendige Zubereitung (Eigelb, Eiweiß und Sahne/Rahm werden einzeln aufgeschlagen) erlauben es, auf die Eismaschine zu verzichten. Die Parfait-/Sabayonmasse verliert ihre luftige Beschaffenheit und das entsprechend große Volumen beim Gefrierprozeß nicht. Eine Eismaschine ist notwendig für:
- alle Sorbets (Seiten 32–57)
- alle Eiscremes (Seiten 58–73)

Keine Eismaschine braucht es für:
- Parfaits (Seite 74–80)
- Soufflées und Eistorten (Seiten 81–82)
- Geeiste Sabayons (Seiten 84–85)

Sorbets aus Beeren

Erdbeersorbet (Abb. rechts)

400 ml/4 dl Erdbeermark
(zirka 500 g frische Früchte)
Saft einer Zitrone
100–120 g Akazienhonig (je nach Süße der Beeren)

1. Beeren waschen, entstielen, je nach Größe kleinscheiden. Früchte pürieren und durch ein Sieb streichen. 1 Kaffeelöffel der Steinchen dem Mark wieder beigeben.
2. Erdbeermark mit den übrigen Zutaten gut verrühren. Im Kühlschrank oder Tiefkühler vorkühlen.
3. Sorbetmasse in die laufende Eismaschine gießen und gefrieren lassen. Gefrierzeit: 20–25 Minuten.
Süßstoff: Kristallzucker bei gleicher Zubereitung möglich.
Für Diabetiker: Akazienhonig durch 4–5 gestrichene Eßlöffel Süßpulver ersetzen. Werte für 5 Kugeln (ganze Sorbetmenge) 2,8 OW = 2,3 BE, 1 Kugel 0,5 OW = 0,4 BE. Sorbet entweder frisch konsumieren oder vor dem Verzehr im Kühlschrank «antauen» lassen.

Abb. «Erdbeersorbet», Rezept oben

Himbeersorbet (Abb. Seite 37)

400 ml/4 dl Himbeermark
(zirka 500 g frische Früchte)
wenig Himbeerlikör (bei Kindern weglassen)
Saft einer Zitrone
100–120 g Akazienhonig

1. Beeren pürieren und durch ein Sieb streichen.
2. Himbeermark mit den übrigen Zutaten gut verrühren. Im Kühlschrank oder Tiefkühler vorkühlen.
3. Sorbetmasse in die laufende Eismaschine gießen und gefrieren lassen. Gefrierzeit: 20–25 Minuten.

Süßstoff: Kristallzucker bei gleicher Zubereitung möglich.
Für Diabetiker: Akazienhonig durch 4–5 gestrichene Eßlöffel Süßpulver ersetzen. Likör weglassen. Werte für 5 Kugeln (ganze Sorbetmenge) 3,2 OW = 2,6 BE, 1 Kugel 0,6 OW = 0,5 BE.
Sorbet entweder frisch konsumieren oder vor dem Verzehr im Kühlschrank «antauen» lassen.

Johannisbeersorbet

400 ml/4 dl Johannisbeermark
(zirka 600 g frische Früchte)
150–170 g Akazienhonig

Zubereitung: siehe Himbeersorbet (Beeren vor dem Pürieren ablesen).
Süßstoff: Kristallzucker möglich.
Für Diabetiker: Akazienhonig durch 6–7 gestrichene Eßlöffel Süßpulver ersetzen. Werte für 5

Kugeln (ganze Sorbetmenge) 3,6 OW = 3,0 BE, 1 Kugel 0,7 OW = 0,6 BE. Sorbet entweder frisch konsumieren oder vor dem Verzehr für 2 Stunden «antauen» lassen.

Heidelbeer-/Blaubeersorbet

400 ml/4 dl Heidelbeermark
(zirka 600 g frische Früchte)
wenig Heidelbeerlikör (bei Kindern weglassen)
120–150 g Akazienhonig (je nach Süße der Früchte)

Zubereitung: siehe Himbeersorbet.
Süßstoff: Kristallzucker bei gleicher Zubereitung möglich.
Botanik: dunkelblaue, erbsengroße, saftige Frucht von süß-säuerlichem Geschmack. Erntezeit je nach Region Juni bis September.
Für Diabetiker: Akazienhonig durch 5–6 gestrichene Eßlöffel Süßpulver ersetzen. Likör weglassen. Werte für 5 Kugeln (ganze Sorbetmenge) 5,3 OW = 4,4 BE, 1 Kugel 1,1 OW = 0,9 BE. Sorbet entweder frisch konsumieren oder vor dem Verzehr im Kühlschrank «antauen» lassen.

Schwarzes Holunderbeerensorbet

250 ml/2,5 dl Holunderbeerensirup
50 ml/0,5 dl Holunderbeerenlikör
100 ml/1 dl Wasser
Saft einer halben Zitrone

Schwarzer Holunderbeerensirup

(ergibt zirka ¾ l Sirup)
1 kg Holunderbeeren, entstielt
100 ml/1 dl Wasser
500 g Zucker

1. Holunderbeerensirup: Gewaschene, entstielte Beeren samt Wasser auf kleinem Feuer 20 Minuten köcheln lassen. Durch ein Sieb drücken oder ein feines Tuch passieren. Saft zusammen mit dem Zucker aufkochen. Auskühlen lassen.
2. Schwarzer Holunderbeerenlikör: 1 kg gewaschene, entstielte Holunderbeeren mit 125 g Zucker aufkochen. Einige Zeit stehen lassen. Beeren durch ein Sieb drücken oder ein feines Tuch passieren. Sirup auskühlen lassen. Mit klarem Holunderschnaps (pro Liter Saft 900 ml/9 dl klarer Holunderschnaps) mischen. In eine Flasche abfüllen.
3. Sorbet: Holunderbeerensirup, Likör, Wasser und Zitronensaft verrühren. Im Kühlschrank oder Tiefkühler vorkühlen.
4. Sorbetmasse in die laufende Eismaschine gießen. Gefrierzeit: 20–25 Minuten.
Botanik: dunkelviolette, kugelige Beeren. Schmecken eigenartig süß. Erntezeit der Beeren August bis September.

Abb. «Himbeersorbet», Rezept Seite 34, und «Brombeersorbet», Rezept Seite 39

Stachelbeersorbet

400 ml/4 dl Stachelbeermark
(zirka 600 g frische Früchte)
150 g Akazienhonig

Zubereitung: siehe Himbeersorbet.
Süßstoff: Kristallzucker bei gleicher Zubereitung möglich.
Für Diabetiker: Akazienhonig durch 6 gestrichene Eßlöffel Süßpulver ersetzen. Werte für 5 Kugeln (ganze Sorbetmenge) 3,3 OW = 2,7 BE, 1 Kugel 0,7 OW = 0,5 BE. Sorbet entweder frisch konsumieren oder vor dem Verzehr im Kühlschrank «antauen» lassen.

Schlehdornbeerensorbet

250 ml/2,5 dl Schlehdornbeerensaft
(zirka 600 g frische Früchte)
250 ml/2,5 dl Wasser
150–200 g Akazienhonig

1. Schlehdornbeeren waschen. In eine Schüssel geben und knapp mit Wasser bedecken. Über Nacht in den Kühlschrank stellen.
2. Einweichwasser weggießen. Beeren zusammen mit dem Wasser aufkochen. 10 Minuten auf kleinem Feuer köcheln lassen. Beeren durch ein Sieb drücken. Saft mit dem Akazienhonig mischen.
3. Sorbetmasse bei Zimmertemperatur auskühlen lassen. Zum Vorkühlen in den Kühlschrank oder Tiefkühler stellen.
4. Gekühlten Beerensaft in die laufende Eisma-

schine gießen und gefrieren lassen. Gefrierzeit: 20–25 Minuten.
Süßstoff: Kristallzucker bei gleicher Zubereitung möglich. Zucker mit den Beeren kochen.
Botanik: Die Schlehdornbeeren werden auch Schwarzdorn, Sauerpflaume, Heckendorn, Hageldorn, Steckdorn genannt. Kugelige, blauschwarz gefleckte, saftige Steinfrucht mit grünem Fruchtfleisch und einem großen Steinkern. Erntezeit: nach den ersten Frostnächten im Herbst.

Brombeersorbet (Abb. Seite 37)

400 ml/4 dl Brombeermark
(600 g frische Früchte)
wenig Brombeerlikör (bei Kindern weglassen)
120–150 g Akazienhonig (je nach Süße der Früchte)

Zubereitung: siehe Himbeersorbet. Wenn man die Brombeeren vor dem Pürieren aufkocht, erhält man eine schönere Sorbetfarbe.
Süßstoff: Kristallzucker möglich.
Für Diabetiker: Akazienhonig durch 5–6 gestrichene Eßlöffel Süßpulver ersetzen. Likör weglassen. Werte für 5 Kugeln (ganze Sorbetmasse) 3,2 OW = 2,7 BE, 1 Kugel 0,7 OW = 0,5 BE.
Sorbet entweder frisch konsumieren oder vor dem Verzehr im Kühlschrank «antauen» lassen.

Sorbets aus Früchten (ohne Beeren)

Kiwisorbet

225 ml/2,25 dl Kiwimark
(Fruchtmark von 3 sehr reifen Kiwis)
100 ml/1 dl Zitronensaft
100 ml/1 dl Wasser
180 g Akazienhonig

1. Kiwis schälen und halbieren. Stielansatz großzügig herausschneiden. Früchte mit der Gabel in einem Meßbecher zerdrücken und abmessen. Sofort mit dem Zitronensaft mischen, damit die Kiwis ihre natürliche grüne Farbe behalten.
2. Kiwis zusammen mit den übrigen Zutaten im Mixer pürieren. Im Kühlschrank oder im Tiefkühler vorkühlen.
3. Gekühlte Sorbetmasse in die laufende Eismaschine gießen und gefrieren lassen. Gefrierzeit: 20–25 Minuten.

Süßstoff: Kristallzucker bei gleicher Zubereitung möglich.

Für Diabetiker: Akazienhonig durch 7–8 gestrichene Eßlöffel Süßpulver ersetzen. Werte für 5 Kugeln (ganze Sorbetmenge) 3,5 OW = 3,0 BE, 1 Kugel 0,7 OW = 0,6 BE. Sorbet entweder frisch konsumieren oder vor dem Verzehr im Kühlschrank «antauen» lassen.

Aprikosensorbet

400 g sehr reife Aprikosen
150 ml/1,5 dl Wasser
½ Vanilleschote, aufgeschlitzt, Samen ausgekratzt
Saft einer halben Zitrone
150 g Akazienhonig
einige Spritzer Abricotine (Aprikosenschnaps) nach Belieben

1. Aprikosen waschen, halbieren und entsteinen.
2. Aprikosen, Wasser, Zitronensaft und Vanillemark aufkochen. Die Aprikosen auf kleinem Feuer zerfallen lassen.
3. Aprikosen pürieren und durch ein Sieb streichen. Den Honig darunterrühren. Püree auskühlen lassen und im Kühlschrank oder Tiefkühler vorkühlen. Aprikosenschnaps beigeben.
4. Sorbetmasse in die laufende Eismaschine gießen und gefrieren lassen. Gefrierzeit: 20–25 Minuten.

Süßstoff: Bei Verwendung von Kristallzucker diesen dem Kochgut beigeben.

Für Diabetiker: Akazienhonig durch 6 gestrichene Eßlöffel Süßpulver ersetzen. Werte für 6 Kugeln (ganze Sorbetmasse) 4,4 OW = 3,7 BE, 1 Kugel 0,7 OW = 0,6 BE. Sorbet entweder frisch konsumieren oder vor dem Verzehr im Kühlschrank «antauen» lassen.

Kirschensorbet (Abb. rechts)

400 ml/4 dl Wasser
200 g Zucker
100 g sehr reife Kirschen, entsteint und fein gehackt
(150–200 g frische Kirschen)
einige Spritzer Kirsch

1. Wasser und Zucker aufkochen. Erkalten lassen.
2. Zuckersirup mit den restlichen Zutaten mischen. Im Kühlschrank oder Tiefkühler vorkühlen.
3. Sorbetmasse in die laufende Eismaschine gießen und gefrieren lassen. Gefrierzeit: 20–25 Minuten.

Passionsfruchtsorbet

125 ml/1,25 dl Passionsfruchtmark/-saft
75 ml/0,75 dl Zitronensaft
300 ml/3 dl Wasser oder frischer, ungezuckerter Orangensaft
195 g Akazienhonig

1. Passionsfrüchte quer halbieren. Kerne samt Fruchtmark mit einem Löffel herausschaben. Mit den übrigen Zutaten verrühren. Im Kühlschrank oder Tiefkühler vorkühlen.
2. Sorbetmasse in die laufende Eismaschine gießen und gefrieren lassen. Gefrierzeit: 20–25 Minuten.
Süßstoff: Kristallzucker bei gleicher Zubereitung möglich.
Für Diabetiker: Akazienhonig durch 8 gestrichene Eßlöffel Süßpulver ersetzen. Werte für

Abb. «Kirschensorbet», Rezept oben

6 Kugeln (ganze Sorbetmasse) 5,3 OW = 4,4 BE, 1 Kugel 0,8 OW = 0,7 BE. Sorbet entweder frisch konsumieren oder vor dem Verzehr im Kühlschrank «antauen» lassen.

Orangensorbet

600 g Orangen
(400 g Orangenfilets)
150 g Akazienhonig

1. Die Orangenschale mit dem Messer großzügig entfernen. Orangen filetieren, restliche Häutchen und Kerne entfernen. Fruchtfleisch mit dem Stabmixer oder mit einer Gabel zerkleinern. Orangenmasse mit dem Akazienhonig gut verrühren.
2. Sorbetmasse im Kühlschrank oder Tiefkühler vorkühlen.
3. Orangenpüree in die laufende Eismaschine gießen und gefrieren lassen. Gefrierzeit: 20–25 Minuten.

Süßstoff: Kristallzucker bei gleicher Zubereitung möglich.

Pfirsichsorbet

400 g gelbe oder weiße Pfirsiche, sehr reif
übrige Zutaten (exklusive Schnaps) wie Aprikosensorbet (bei süßen Früchten 1/5 bis 1/4 weniger Zucker nehmen)

Zubereitung: siehe Aprikosensorbet, Seite 41.
Diabetiker: Werte für 6 Kugeln (ganze Sorbetmasse) 4,0 OW=3,3 BE, 1 Kugel 0,6 OW=0,5 BE.

Zwetschgensorbet

400 g reife Zwetschgen
übrige Zutaten wie Aprikosensorbet
Aprikosenschnaps durch Pflaumenwasser oder Sliwowitz ersetzen

Zubereitung: siehe Aprikosensorbet, Seite 41
Diabetiker: Werte für 6 Kugeln (ganze Sorbetmasse) 5,3 OW=4,4 BE, 1 Kugel 0,8 OW=0,7 BE.

Mirabellensorbet (Abb. Seite 97)

400 g Mirabellen, sehr reif
150 ml/1,5 dl Wasser
Saft einer halben Zitrone
150 g Akazienhonig
einige Spritzer Mirabellenschnaps nach Belieben

1. Mirabellen waschen, halbieren und entsteinen.
2. Früchte, Wasser und Zitronensaft auf kleinem Feuer weich kochen.
3. Mirabellen pürieren und durch ein Sieb strei-

chen. Den Akazienhonig darunterrühren. Püree auskühlen lassen. Im Kühlschrank oder Tiefkühler vorkühlen. Mirabellenschnaps darunterrühren.
4. Sorbetmasse in die laufende Eismaschine gießen und gefrieren lassen. Gefrierzeit: 20–25 Minuten.
Süßstoff: Bei Verwendung von Kristallzucker diesen dem Kochgut beigeben.
Für Diabetiker: Akazienhonig durch 6 gestrichene Eßlöffel Süßpulver ersetzen. Werte für 6 Kugeln (ganze Sorbetmenge) 5,7 OW = 4,7 BE, 1 Kugel 0,9 OW = 0,8 BE. Sorbet entweder frisch konsumieren oder vor dem Verzehr im Kühlschrank «antauen» lassen.

Birnensorbet (Abb. rechts)

400 g sehr reife Birnen
100 ml/1 dl Wasser
150 g Akazienhonig
Saft einer halben Zitrone
einige Spritzer Williams nach Belieben

1. Birnen schälen, halbieren, entkernen und Stielansatz und Fliege keilförmig herausschneiden.
2. Früchte kleinschneiden und sofort (damit die Birnen nicht braun werden) mit sämtlichen Zutaten pürieren. Nur durch ein Sieb streichen, wenn das Püree noch feste Teile enthält. Williams dazugeben. Im Kühlschrank oder Tiefkühler vorkühlen.
3. Sorbetmasse in die laufende Eismaschine gießen und gefrieren lassen. Gefrierzeit: 20–25 Minuten.

Abb. «Birnensorbet», Rezept oben

Süßstoff: Kristallzucker mit leicht geändertem Rezept möglich. Zuerst den Zucker zusammen mit dem Wasser aufkochen und gut abkühlen lassen.
Für Diabetiker: Akazienhonig durch 6 gestrichene Eßlöffel Süßpulver ersetzen. Werte für 6 Kugeln (ganze Sorbetmasse) 4,0 OW = 3,3 BE, 1 Kugel 0,6 OW = 0,5 BE. Sorbet entweder frisch konsumieren oder vor dem Verzehr im Kühlschrank «antauen» lassen.

Melonensorbet (Abb. Seite 53)

300 g Melonen (Honig-, Netz- oder Zuckermelonen), geschält und entkernt, ansonsten gleiche Zutaten (außer dem Schnaps) wie Birnensorbet

Zubereitung: siehe Birnensorbet, Seite 46.

Sorbets aus Fruchtsaft

Limettensorbet (grüne Zitronen)

200 ml/2 dl Limettensaft von unbehandelten Früchten
200 ml/2 dl Wasser
150 g Akazienhonig

1. Mit der Bircherreibe Zitronenschale (nur grüne Teile) abreiben.
2. Halbierte Limetten pressen.
3. Sämtliche Zutaten mit dem Schneebesen gut verrühren. Im Kühlschrank oder im Tiefkühler vorkühlen.
4. Limettensaft in die laufende Eismaschine gießen. Gefrierzeit 25–30 Minuten.

Süßstoff: Kristallzucker mit leicht geändertem Rezept möglich. Zuerst den Zucker zusammen mit dem Wasser aufkochen und gut auskühlen lassen.

Blutorangen-Sorbet

abgeriebene Schale einer unbehandelten Orange
400 ml/4 dl Blutorangensaft, frisch gepreßt, ungesüßt
150 g Akazienhonig

1. Sämtliche Zutaten gut verrühren. Im Kühlschrank oder Tiefkühler vorkühlen.
2. Gesüßten Orangensaft in die laufende Eismaschine gießen und gefrieren lassen. Gefrierzeit: 25–30 Minuten.
Süßstoff: Kristallzucker mit leicht geändertem Rezept möglich. Den Zucker mit dem Saft mischen und 30 Minuten ziehen lassen.

Sorbets auf Blütenbasis

Rosenblütensorbet

250 ml/2,5 dl Weißwein (Riesling/Sylvaner)
100 ml/1 dl Wasser
Saft einer Zitrone
50 g Zucker
50 g Traubenzucker
40 g Kartoffelrosenblüten (vom Rosenzierstrauch = Rosa rugosa), bei Sonnenschein gepflückt

1. Wein, Wasser, Zitronensaft und Zucker verrühren. Rosenblüten beigeben. Zugedeckt einen Tag stehen lassen.
2. Flüssigkeit durch ein feines Tuch oder ein Spitzsieb gießen und gut ausdrücken. Im Kühlschrank oder Tiefkühler vorkühlen.
3. Gekühlte Flüssigkeit in die laufende Eisma-

schine gießen und gefrieren lassen. Gefrierzeit: 25–30 Minuten.
Süßstoff: Für Blütensorbets eignet sich nur Kristallzucker, da selbst der geschmacksneutrale Akazienhonig für das feine Blütenaroma noch zu dominant ist.
Botanik: Blütezeit des Zierstrauchs ist Juni/Juli. Die Blüten können rosa, hellrosa bis weiß sein.

Waldmeistersorbet

375 ml/3,75 dl Sekt oder Champagner
175 ml/1,75 dl Waldmeistersirup
50 ml/0,5 dl Zitronensaft

Waldmeistersirup

½ l Wasser
750 g Zucker
½ Zitrone, in dünne Scheiben geschnitten
100 g Waldmeisterblüten, bei Sonnenschein gepflückt

1. Waldmeistersirup: Wasser, Zucker und Zitronenscheiben aufkochen und über die Blüten gießen. ½ Stunde ziehen lassen. Durch ein feines Tuch oder ein Sieb passieren. Gut ausdrücken.
2. Waldmeistersorbet: Sämtliche Zutaten gut verrühren. Im Kühlschrank oder Tiefkühler vorkühlen.
3. Gekühlte Flüssigkeit in die laufende Eismaschine gießen und gefrieren lassen. Gefrierzeit: 25–30 Minuten.
Süßstoff: Für Blütensorbets eignet sich nur Kristallzucker, da selbst der geschmacksneutrale Akazienhonig für das feine Blütenaroma noch zu dominant ist.

Botanik: Die kleinen, trichterförmigen Blüten können je nach Standort im April oder Mai gepflückt werden. Den Waldmeister findet man in schattigen Laubwäldern.

Holunderblütensorbet

375 ml/3,75 dl Holunderblütensekt
175 ml/1,75 dl Holunderblütensirup
50 ml/0,5 dl Zitronensaft

Holunderblütensirup

½ l Wasser
750 g Zucker
½ Zitrone, in feinen Scheiben
80 g Holunderblüten, bei Sonnenschein gepflückt

1. Holunderblütensirup: Wasser, Zucker und Zitronenscheiben aufkochen. Über die Holunderblüten gießen. Abermals aufkochen. Durch ein feines Tuch oder Sieb passieren. Gut ausdrücken. In Flaschen abfüllen.
2. Sorbet: Sämtliche Zutaten gut verrühren. Im Kühlschrank oder Tiefkühler vorkühlen.
3. Gekühlte Flüssigkeit in die laufende Eismaschine gießen und gefrieren lassen. Gefrierzeit: 25-30 Minuten.

Süßstoff: Für Blütensorbets eignet sich nur Kristallzucker, da selbst der geschmacksneutrale Akazienhonig für das feine Blütenaroma auch noch viel zu dominant ist.
Botanik: Blütezeit der gelblich-weißen, stark aromatisch duftenden Blüten ist der Monat Juni.

 Abb. «Melonensorbet», Rezept Seite 48

Sorbets aus Tee oder Infusionen

Eisenkrautsorbet

400 ml/4 dl Wasser
150 g Zucker
1 Handvoll getrocknetes Eisenkraut (Vervaine)

1. Wasser und Zucker aufkochen. Das Eisenkraut beigeben. Pfanne von der Herdplatte ziehen. Zugedeckt 10 Minuten ziehen lassen. Anschließend abseihen.
2. Die Flüssigkeit auskühlen lassen und im Kühlschrank oder Tiefkühler vorkühlen.
3. Gekühlte Flüssigkeit in die laufende Eismaschine gießen und gefrieren lassen. Gefrierzeit: 25–30 Minuten.

Lindenblütensorbet

400 ml/4 dl Wasser
150 g Zucker
1 Handvoll getrocknete Lindenblüten
Saft einer halben Zitrone

1. Wasser und Zucker aufkochen. Lindenblüten beigeben. Pfanne von der Herdplatte ziehen. Zugedeckt 10 Minuten ziehen lassen. Abseihen.
2. Flüssigkeit auskühlen lassen. Zitronensaft beifügen. Im Kühlschrank oder Tiefkühler vorkühlen.
3. Gekühlte Flüssigkeit in die laufende Eismaschine gießen und gefrieren lassen. Gefrierzeit: 25–30 Minuten.

Pfefferminzsorbet

400 ml/4 dl Wasser
150 g Zucker
reichlich frische Pfefferminzblätter
Saft einer halben Zitrone

1. Wasser und Zucker aufkochen und erkalten lassen.
2. Soviel Pfefferminzblätter in die Flüssigkeit geben, daß diese vom Zuckersirup knapp bedeckt werden. Einen Tag stehen lassen. Abseihen. Zitronensaft beigeben.
3. Flüssigkeit im Kühlschrank oder Tiefkühler vorkühlen.
4. Gekühlte Masse in die laufende Eismaschine gießen und gefrieren lassen. Gefrierzeit: 25–30 Minuten.

Zitronenmelissensorbet

400 ml/4 dl Wasser
150 g Zucker
reichlich frische Zitronenmelissenblätter
Saft einer halben Zitrone

Zubereitung: siehe Pfefferminzsorbet, gleiche Seite

Earl grey-Sorbet mit Vanille

400 ml/4 dl Wasser
½ Vanilleschote, aufgeschlitzt, Samen ausgekratzt
150 g Zucker
2 EL (12 g) Earl grey Schwarztee

1. Wasser, Zucker, Vanilleschote und Samen aufkochen. Schwarztee beigeben. Pfanne von der Herdplatte ziehen. 6–10 Minuten ziehen lassen.
2. Tee abseihen und auskühlen lassen.
3. Flüssigkeit im Kühlschrank oder Tiefkühler vorkühlen.
4. Gekühlten Tee in die laufende Eismaschine gießen und gefrieren lassen. Gefrierzeit: 25–30 Minuten.

Frühlingsblumensorbet

400 ml/4 dl Wasser
150 g Zucker
1 Handvoll Waldmeisterblüten
1 Handvoll Schlüsselblumenblüten
10 Wildrosenblätter (rosa canina)
gezupfte Blüten einer Löwenzahnblume
Saft einer halben Zitrone

1. Wasser und Zucker aufkochen. Erkalten lassen.
2. Den Zuckersirup über die Blüten gießen. Zitronensaft beigeben. Zugedeckt einen Tag stehen lassen. Abseihen.
3. Flüssigkeit im Kühlschrank vorkühlen.
4. Das gekühlte Blütenwasser in die laufende Eismaschine gießen und gefrieren lassen. Gefrierzeit: 25–30 Minuten.

Sorbets auf Alkoholbasis

Gewürztraminersorbet oder Sorbet aus Rosé Champagner

100 ml/1 dl Wasser
120 g Zucker
300 ml/3 dl Gewürztraminer/Champagner
Saft einer halben Zitrone

1. Wasser und Zucker aufkochen. Auskühlen lassen.
2. Gewürztraminer/Rosé Champagner und Zitronensaft zum Zuckerwasser geben. Im Kühlschrank oder Tiefkühler vorkühlen.
3. Gekühlte Flüssigkeit in die laufende Eismaschine gießen und gefrieren lassen. Gefrierzeit: 25–30 Minuten.

Sorbet aus Marc oder Grappa

350 ml/3,5 dl Wasser
100 g Zucker
Saft einer halben Zitrone
150 ml/1,5 dl Marc oder Grappa

1. Wasser und Zucker aufkochen. Erkalten lassen.
2. Zuckersirup mit dem Zitronensaft und dem Marc/Grappa verrühren. Im Kühlschrank oder Tiefkühler vorkühlen.
3. Flüssigkeit in die laufende Eismaschine gießen und gefrieren lassen. Gefrierzeit: 25–30 Minuten.

Eiscremes (ohne Eier)

Eis-Grundrezept

300 ml/3 dl Milch
100 g/1 dl Sahne/Rahm
100 g Akazienhonig

1. Milch und Sahne aufkochen. Den Honig dazugeben. Gut rühren. Nicht mehr kochen.
2. Creme im Eiswasser (Wasser mit Eis) abkühlen. Häufig rühren, damit sich keine Haut bildet.
3. Creme im Kühlschrank oder Tiefkühler vorkühlen. Ab und zu rühren.
4. Gekühlte Creme in die laufende Eismaschine gießen und gefrieren lassen. Gefrierzeit: 20–25 Minuten.

Süßstoff: Da der Honig in diesem Rezept nicht gekocht wird, behält er einen Teil seiner wertvollen Inhaltsstoffe. – Kristallzucker ist bei gleicher Zubereitung möglich.

Vanilleeis (Abb. rechts)

1 Vanilleschote, aufgeschlitzt, Samen ausgekratzt, ansonsten gleiche Zutaten wie Eiscreme-Grundrezept

1. Die Vanilleschote samt Samen mit der Milch und der Sahne aufkochen. Übrige Schritte siehe Eiscreme-Grundrezept. Vanilleschoten vor dem Gefrieren entfernen.

Abb. «Wiener Eiskaffee», Rezept oben (Vanilleeis) und Seite 101

Waldhonigeis (Abb. Seite 93)

Den Akazienhonig im Grundrezept, Seite 58, durch Waldhonig ersetzen, ansonsten gleiche Zutaten wie Eiscreme-Grundrezept

Zubereitung: siehe Eiscreme-Grundrezept, Seite 58

Kakao-Eis

1–2 EL Kakaopulver, ungesüßt, ansonsten gleiche Zutaten wie Eiscreme-Grundrezept, Seite 58.

1. Kakaopulver mit wenig Milch verrühren. Mit der Milch und der Sahne aufkochen. Übrige Schritte siehe Eiscreme-Grundrezept, Seite 58.

Erdbeereis

300 ml/3 dl Erdbeermark
(zirka 400 g frische Früchte)
100 g/1 dl Sahne/Rahm, gekühlt
80–100 g Akazienhonig

1. Beeren waschen, entstielen, je nach Größe kleinschneiden. Früchte pürieren und durch ein Sieb streichen.
2. Erdbeermark mit dem Akazienhonig gut verrühren. Im Kühlschrank oder Tiefkühler vorkühlen.
3. Die Sahne unter das Erdbeermark rühren.
4. Fruchtcreme in die laufende Eismaschine gießen und gefrieren lassen. Gefrierzeit: 25–30 Minuten.

Süßstoff: Kristallzucker bei gleicher Zubereitung möglich.
Für Diabetiker: Akazienhonig durch 3–4 gestrichene Eßlöffel Süßpulver ersetzen. Werte für 5 Kugeln (ganze Eismasse) 2,1 OW + 3,3 FW = 1,7 BE, 1 Kugel 0,4 OW + 0,6 FW = 0,3 BE.
Eis entweder frisch konsumieren oder vor dem Verzehr für im Kühlschrank «antauen» lassen.

Himbeereis

300 ml/3 dl Himbeermark
(zirka 400 g frische Früchte)
100 g/1 dl Sahne/Rahm
100 g Akazienhonig

1. Früchte pürieren und durch ein Sieb streichen, ansonsten gleiche Zubereitung wie Erdbeereis.
Für Diabetiker: Akazienhonig durch 4 gestrichene Eßlöffel Süßpulver ersetzen. Werte für 5 Kugeln (ganze Eismasse) 2,4 OW + 3,3 FW = 2,0 BE, 1 Kugel 0,5 OW + 0,6 FW = 0,4 BE.
Eis entweder frisch konsumieren oder vor dem Verzehr im Kühlschrank «antauen» lassen.

Johannisbeereis

200 ml/2 dl Johannisbeermark
(zirka 300 g frische Früchte)
200 g/2 dl Sahne/Rahm
100 g Akazienhonig

1. Früchte waschen, ablesen, pürieren und durch

ein Sieb streichen, ansonsten gleiche Zubereitung wie Erdbeereis.
Für Diabetiker: Akazienhonig durch 4 gestrichene Eßlöffel Süßpulver ersetzen. Werte für 5 Kugeln (ganze Eismasse) 1,8 OW + 6,6 FW = 1,5 BE, 1 Kugel 0,3 OW + 1,1 FW = 0,3 BE. Eis entweder frisch konsumieren oder vor dem Verzehr im Kühlschrank «antauen» lassen.

Schokoladeneis (Abb. rechts)

250 g helle Couverture
½ l Milch
100 g Akazienhonig
100 g/1 dl Sahne/Rahm

1. Milch und Honig aufkochen. Pfanne von der Herdplatte ziehen. Zerbröckelte Schokolade beigeben und zergehen lassen. Creme unter häufigem Rühren auskühlen lassen. Sie soll noch lauwarm sein.
2. Die Sahne unter die Schokoladencreme rühren.
3. Schokoladencreme in die laufende Eismaschine geben und gefrieren lassen. Gefrierzeit: 30–35 Minuten.
Süßstoffe: Durch das Erhitzen gehen beim Honig wertvolle Inhaltsstoffe verloren. Es ist deshalb jedem einzelnen überlassen, ob er den Honig durch Kristallzucker ersetzen will. Di
tung bleibt sich gleich.

Abb. «Schokoladeneis», Rezept oben, und «Banane im Reismantel», Rezept Seite 96

Brombeereis

300 ml/3 dl Brombeermark
(zirka 400–450 g Brombeeren)
100 g/1 dl Sahne/Rahm
100–120 g Akazienhonig

1. Beeren aufkochen, pürieren und durch ein Sieb streichen. Den Akazienhonig darunterrühren.
2. Fruchtpüree im Kühlschrank oder Tiefkühler vorkühlen.
3. Die Sahne unter das Brombeermark rühren.
4. Fruchtcreme in die laufende Eismaschine gießen und gefrieren lassen. Gefrierzeit: 25–30 Minuten.

Süßstoff: Bei Verwendung von Kristallzucker diesen zusammen mit den Beeren aufkochen.
Für Diabetiker: Akazienhonig durch 4–5 gestrichene Eßlöffel Süßpulver ersetzen. Werte für 5 Kugeln (ganze Eismasse) 2,5 OW + 3,3 FW = 2,0 BE, 1 Kugel 0,5 OW + 0,7 FW = 0,4 BE. Eis entweder frisch konsumieren oder vor dem Verzehr im Kühlschrank «antauen» lassen.

Eis aus Wildfrüchten (Erdbeeren, Himbeeren, Brombeeren)

Gleiche Zutaten wie unter Erdbeereis, Himbeereis, Brombeereis

Zubereitung: wegen der Verbreitung des Fuchsbandwurms sind die Früchte unbedingt aufzukochen. Siehe Rezept Brombeereis.
Diabetiker: je nach Fruchtart pro Kugel 0,5–0,8 OW = 0,4 BE.

Heidelbeereis/Blaubeereis

300 ml/3 dl Heidelbeermark
(zirka 400–450 g frische Früchte)
100 g/1 dl Sahne/Rahm
100 g Akazienhonig

Zubereitung: siehe Himbeereis, Seite 61.
Für Diabetiker: Akazienhonig durch 5–6 gestrichene Eßlöffel Süßpulver ersetzen. Werte für 5 Kugeln (ganze Eismasse) 4,0 OW + 3,3 FW = 3,3 BE, 1 Kugel 0,8 OW + 0,6 FW = 0,7 BE.
Eis entweder frisch konsumieren oder vor dem Verzehr im Kühlschrank «antauen» lassen.

Joghurt-Eiscreme

Joghurteis nature

500 g Bifidus-Joghurt nature
140 g Akazienhonig

1. Joghurt und Akazienhonig mit dem Schneebesen gut verrühren. Im Kühlschrank 30 Minuten kühlen.
2. Joghurt in die laufende Eismaschine gießen und gefrieren lassen. Gefrierzeit: 25–30 Minuten.
Süßstoff: Kristallzucker bei gleicher Zubereitung möglich.

Für Diabetiker: den Akazienhonig durch 5–6 gestrichene Eßlöffel Süßpulver ersetzen. Mit Vanille aromatisieren. Werte für 6 Kugeln (ganze Eismasse) 2,5 MW + 1,7 EW + 1,5 FW = 2,0 BE, 1 Kugel 0,4 MW + 0,3 EW + 0,2 FW = 0,3 BE. Joghurteis frisch konsumieren oder vor dem Verzehr im Kühlschrank «antauen» lassen.

Rhabarber-Joghurteis

350 g Rhabarber
75 g Erdbeeren
150 g Akazienhonig
125 ml/1,25 dl Wasser
125 g Vollmilchjoghurt nature

1. Rhabarber grob würfeln, nicht schälen. Zusammen mit den Erdbeeren und dem Wasser auf kleinem Feuer zerfallen lassen. Pürieren und durch ein Spitzsieb streichen. Honig darunterrühren. Auskühlen lassen. Mit dem Joghurt mischen.
2. Rhabarberpüree im Kühlschrank oder Tiefkühler vorkühlen.
3. Gekühlte Masse in die laufende Eismaschine gießen und gefrieren lassen. Gefrierzeit: 25–30 Minuten.

Süßstoff: Bei Verwendung von Kristallzucker diesen dem Kochgut beigeben.
Für Diabetiker: den Akazienhonig durch 6 gestrichene Eßlöffel Süßpulver ersetzen. Werte für 6 Kugeln 1,1 MW + 0,7 EW + 0,7 FW = 1,0 BE. Joghurteis frisch konsumieren oder vor dem Verzehr im Kühlschrank «antauen» lassen.

Abb. «Feine Crêpes mit Cognac-Quitten» und «Karamel-Joghurteis», Rezepte Seiten 68 und 98

Fruchtiges Joghurteis

500 g Vollmilchjoghurt nature
100 ml/1 dl Fruchtmark
170 g Akazienhonig

1. Fruchtmark: siehe Fruchteis, Seiten 60 und 61.
2. Joghurt, Fruchtmark und Honig mit dem Schneebesen gut verrühren. Im Kühlschrank 30 Minuten kühlen.
3. Joghurtmasse in die laufende Eismaschine gießen und gefrieren lassen. Gefrierzeit 25–30 Minuten.

Süßstoff: Kristallzucker möglich.
Für Diabetiker: den Akazienhonig durch 6 gestrichene Eßlöffel Süßpulver ersetzen. Werte für 7 Kugeln (auf Himbeerbasis) 3,2 MW + 1,7 EW + 1,3 FW = 2,6 BE, 1 Kugel 0,5 MW + 0,2 EW + 0,2 FW = 0,3 BE. Joghurteis frisch konsumieren oder vor dem Verzehr für 2 Stunden im Kühlschrank «antauen» lassen.

Karamel-Joghurteis (Abb. Vorderseite)

225 g Zucker
wenig Wasser
125 ml/1,25 dl Milch oder Wasser
500 g Vollmilchjoghurt nature

1. Zucker in einem hitzebeständigen Kochgeschirr (von Vorteil ist eine Gußeisenpfanne) flüssig machen. Sobald der Zucker Farbe annimmt, mit wenig Wasser ablöschen. Milch beigeben. Solange köcheln lassen, bis sich der karamelisierte Zucker vollständig aufgelöst hat.

2. Karamel im kalten Wasserbad (einige Eiswürfel beigeben) unter häufigem Rühren auskühlen lassen. Den Joghurt darunterrühren.
3. Karamelmasse im Kühlschrank vorkühlen.
4. Gekühlte Creme in die laufende Eismaschine geben und gefrieren lassen. Gefrierzeit: 25–30 Minuten.

Eiscreme mit Quark

Fruchtiges Quarkeis

200 g Akazienhonig
350 ml/3,5 dl Fruchtmark
Saft einer Zitrone
250 g Vollmilchquark
(Reformhaus/Käserei)

1. Fruchtmark: siehe Fruchteis Seiten 60 und 61.
2. Sollte der Frischquark leicht körnig sein, diesen zusammen mit wenig Fruchtmark pürieren. Sämtliche Zutaten mit dem Schneebesen verrühren.
3. Fruchtquark im Kühlschrank vorkühlen.
4. Quarkmasse in die laufende Eismaschine geben und gefrieren lassen. Gefrierzeit: 25–30 Minuten.

Süßstoff: Kristallzucker möglich.
Für Diabetiker: den Akazienhonig durch 8 gestrichene Eßlöffel Süßpulver ersetzen. Werte für 7 Kugeln (auf Brombeerbasis) 2,9 OW + 3,0 EW + 1,5 FW = 2,4 BE, 1 Kugel 0,4 OW + 0,4 EW + 0,2 FW = 0,3 BE. Joghurteis frisch konsumieren oder vor dem Verzehr im Kühlschrank «antauen» lassen.

Vanille-Quarkeis (Abb. rechts)

200 g Akazienhonig
350 ml/3,5 dl Milch
1 Vanilleschote, aufgeschlitzt
250 g Vollmilchquark
(Reformhaus/Käserei)

1. Vanillesamen auskratzen. Samen und Schote mit dem Honig und der Milch aufkochen.
2. Milch im kalten Wasserbad (mit einigen Eiswürfeln) kühlen. Öfters rühren, damit sich keine Haut bildet.
3. Sollte der Frischquark leicht körnig sein, diesen zusammen mit wenig Vanillemilch pürieren. Quark und Milch mit dem Schneebesen verrühren. Im Kühlschrank vorkühlen. Vanilleschote entfernen.
4. Vanillequark in die laufende Eismaschine geben und gefrieren lassen. Gefrierzeit: 30 Minuten.

Süßstoff: Durch das Erhitzen werden die wertvollen Inhaltsstoffe des Honigs weitgehend zerstört. Es ist deshalb jedem einzelnen überlassen, ob er den Honig durch Kristallzucker ersetzen will. Die Zubereitung bleibt sich gleich.
Für Diabetiker: den Akazienhonig durch 8 gestrichene Eßlöffel Süßpulver ersetzen. Werte für ganze Masse (7 Kugeln) 1,7 MW + 4,2 EW + 2,3 FW = 1,4 BE. Quarkeis frisch konsumieren oder vor dem Verzehr im Kühlschrank «antauen» lassen.

Abb. «Brombeerschale», Rezept Seite 99, mit «Vanille-Quarkeis», Rezept oben

Eiscreme, klassisches Rezept (auf Eibasis)

Vanilleeis

250 ml/2,5 dl Milch
1 Vanilleschote, aufgeschlitzt
3 Eigelb von Freilandeiern
125 g Akazienhonig
300 g/3 dl Sahne/Rahm oder Crème double

1. Eigelb und Akazienhonig schaumig rühren.
2. Vanillesamen auskratzen und zusammen mit den Schoten in der Milch aufkochen. Unter ständigem Rühren zur Eigelbmasse geben. Creme auf kleinem Feuer unter Rühren solange köcheln, bis sie bindet. Keinesfalls kochen.
3. Vanillecreme im kalten Wasserbad (einige Eiswürfel beigeben) unter häufigem Rühren auskühlen lassen.
4. Creme zum Vorkühlen in den Kühlschrank stellen. Öfters rühren, damit sich keine Haut bildet.
5. Sahne unter die Eiercreme rühren. Creme in die laufende Eismaschine gießen und gefrieren lassen. Gefrierzeit: 25–30 Minuten.

Süßstoff: Durch das Erhitzen gehen beim Honig wertvolle Inhaltsstoffe verloren. Es ist deshalb jedem einzelnen überlassen, ob er den Honig durch Kristallzucker ersetzen will. Die Zubereitung bleibt sich gleich.

Mohneis

1 EL Mohnsamen anstelle der Vanilleschote,
ansonsten gleiche Zutaten wie Vanilleeis, Seite 72

Zubereitung: siehe Vanilleeis, Seite 72. Mohn mit der Milch aufkochen.

Grünes Nußeis

½ l Milch
50 g erntefrische Walnuß-/Baumnußkerne
5 Eigelb von Freilandeiern
100 g Akazienhonig

1. Reife Nüsse aus der Schale brechen und hacken.
2. Milch aufkochen. Nüsse beigeben. 10 Minuten ziehen lassen.
3. Eigelb und Honig schaumig rühren. Milch samt Nüssen unter ständigem Rühren dazugeben. Auf kleinem Feuer unter Rühren mit einen Holzspachtel solange köcheln, bis die Creme bindet.
4. Creme im kalten Wasserbad (einige Eiswürfel beigeben) unter Rühren auskühlen lassen.
5. Nußcreme vorkühlen. Öfters rühren.
6. Masse in die laufende Eismaschine gießen und gefrieren lassen. Gefrierzeit: 25–30 Minuten.

Süßstoff: Durch das Erhitzen gehen beim Honig wertvolle Inhaltsstoffe verloren. Es ist deshalb jedem einzelnen überlassen, ob er den Honig durch Kristallzucker ersetzen will. Die Zubereitung bleibt sich gleich.

Tip: Es können auch getrocknete Nüsse (auch Haselnüsse) verwendet werden. In diesem Falle die Nüsse rösten und fein hacken.

Parfaits (Halbgefrorenes)

Parfait aus Löwenzahnblütenhonig (Abb. rechts)

125 g Löwenzahnblütenhonig
25 g Bienenhonig
250 g/2,5 dl Sahne/Rahm
3 Freilandeier
75 g Zucker

Löwenzahnblütenhonig

Löwenzahnblüten (bei Sonnenschein pflücken), für ein Gefäß von einem Liter Inhalt
1 l Wasser
Zitronenscheiben
1 kg Zucker

1. Löwenzahnblütenhonig: Blüten und Zitronenscheiben samt Wasser aufkochen. 20 Minuten köcheln lassen. Durch ein feines Tuch oder Sieb passieren.
2. Saft und Zucker solange köcheln, bis die Flüssigkeit von honigähnlicher Konsistenz ist. Der Honig ist kühl, dunkel und trocken gelagert über ein Jahr haltbar.
3. Halbgefrorenes: Löwenzahnblütenhonig und Bienenhonig erhitzen. Unter kräftigem Rühren zum Eigelb geben. Solange weiterrühren, bis die Masse erkaltet und dickflüssig ist. Zuerst die steifgeschlagene Sahne und zuletzt das mit dem Zucker steifgeschlagene Eiweiß darunterziehen.
4. Parfaitmasse in Portionenförmchen oder in einen Eisbehälter füllen und im Tiefkühler festwerden lassen. Gefrierzeit: 4–5 Stunden.

Abb. «Parfait aus Löwenzahnblütenhonig», Rezept oben, siehe auch Rezept Seite 88

Lebkuchenparfait (Abb. rechts)

4 Eigelb von Freilandeiern
100 g Akazienhonig
50 ml/0,5 dl Milch
3/4 EL Lebkuchengewürz
1/2 EL Zimtpulver
350 g/3,5 dl Sahne/Rahm
4 Eiweiß
1 Prise Salz
25 g Zucker
2 EL Rum

1. Eigelb, Akazienhonig und Milch im heißen Wasserbad aufschlagen (mit dem Schneebesen). Die Masse soll dickflüssig sein.
2. Eimasse im Eiswasser (Wasser mit Eiswürfeln) kalt schlagen. Gewürze dazugeben. Rum beigeben. Steif geschlagene Sahne darunterziehen.
3. Eiweiß, Salz und Zucker zu Schnee schlagen. Unter die Parfaitmasse heben.
4. Parfaitmasse in eine Herzbackform oder in eine beliebige Form oder in Portionenförmchen füllen. Im Tiefkühler festwerden lassen. Gefrierzeit: 4–5 Stunden.
Süßstoff: Kristallzucker bei gleicher Zubereitung möglich.

Zimtparfait

gleiche Zutaten wie Lebkuchenparfait, jedoch Lebkuchengewürz durch Zimtpulver (insgesamt 1 1/4 EL) ersetzen

Zubereitung: siehe Lebkuchenparfait

Abb. «Lebkuchenparfait», Rezept oben,
siehe auch «Eissoufflé», Seite 81

Beerenparfait

4 Eigelb von Freilandeiern
125 g Akazienhonig
½ l Beerenmark
1 KL Beerenschnaps
(z.B. Himbeergeist für Himbeerparfait)
250 g/2,5 dl Sahne/Rahm

1. Beerenmark: siehe Sorbets, Seiten 32 bis 39.
2. Eigelb, Honig und zirka 100 g Beerenmark im heißen Wasserbad aufschlagen (mit dem Schneebesen). Die Eimasse soll dickflüssig sein.
3. Eimasse im Eiswasser (Wasser mit Eiswürfeln) kalt schlagen (mit dem Schneebesen).
4. Beerenmark, Schnaps und steif geschlagene Sahne unter die Eimasse rühren.
5. Parfaitmasse in Portionenförmchen oder in einen Eisbehälter füllen. Im Tiefkühler festwerden lassen. Gefrierzeit: 4–5 Stunden.

Süßstoff: Kristallzucker bei gleicher Zubereitung möglich.

Parfait mit Grand Marnier

gleiche Zutaten wie Lebkuchenparfait,
Lebkuchengewürz und Zimtpulver durch 3 EL Grand Marnier ersetzen

Zubereitung: siehe Lebkuchenparfait, Seite 76

Parfait mit Marie Brizard

gleiche Zutaten wie Lebkuchenparfait,
Lebkuchengewürz und Zimtpulver durch 3 EL Marie Brizard ersetzen

Zubereitung: siehe Lebkuchenparfait, Seite 76

Parfait mit Williams

gleiche Zutaten wie Lebkuchenparfait,
Lebkuchengewürz und Zimtpulver durch 3 EL Williams ersetzen

Zubereitung: siehe Lebkuchenparfait, Seite 76

Rhabarberparfait

250 g Rhabarber
einige sehr reife Erdbeeren
1 EL Akazienhonig
2–3 EL Rotwein
3 Eigelb von Freilandeiern
100 g Akazienhonig
250 g/2,5 dl Sahne/Rahm

1. Rhabarber zerkleinern. Zusammen mit den Erdberen, dem Akazienhonig (1 EL) und dem Rotwein auf kleiner Stufe zu einem Püree einköcheln lassen. Pürieren und durch ein Sieb streichen. Auskühlen lassen.
2. Eigelb, Akazienhonig und ⅓ Rhabarbermark im heißen Wasserbad zu einer dickflüssigen Masse schlagen (mit dem Schneebesen). Creme im Eiswasser (Wasser mit Eis) kalt schlagen.
3. Restliches Rhabarbermark unter die Eimasse ziehen. Steif geschlagene Sahne ebenfalls darunterziehen.
4. Parfaitmasse in Portionenförmchen oder in einen Eisbehälter füllen und im Tiefkühler festwerden lassen. Gefrierzeit: 4–5 Stunden.
Süßstoff: Kristallzucker bei gleicher Zubereitung möglich.

Schokoladenparfait

125 ml/1,25 dl Milch
100 g Akazienhonig
3 Eigelb von Freilandeiern
200 g helle Couverture
250 g/2,5 dl Sahne/Rahm
3 Eiweiß
1 Prise Salz
wenig Zucker

1. Eigelb und Honig schaumig rühren. Milch aufkochen und unter ständigem Rühren zur Eicreme geben. Feingeschnittene Couverture dazugeben. Die Schokolade unter ständigem Rühren zergehen lassen. Weiterrühren, bis die Masse leicht ausgekühlt ist.

2. Sahne steif schlagen. Unter die Schokoladencreme ziehen.
3. Eiweiß, Salz und Zucker steif schlagen. Unter die Creme heben.
4. Parfait in Portionenförmchen oder in einen Gefrierbehälter füllen. Im Tiefkühler festwerden lassen. Gefrierzeit: 4–5 Stunden.
Süßstoff: Beim Erhitzen des Honigs gehen wertvolle Inhaltsstoffe verloren. Es ist jedem einzelnen überlassen, ob er den Honig durch Kristallzucker ersetzen will. Die Zubereitung bleibt sich gleich.

Eissoufflé (Abb. Seite 77)

Der Name «Soufflé» hat nichts mit der Zusammensetzung der Eisspezialität zu tun, sondern lediglich mit dem Aussehen. Als Soufflémasse dient ein Parfait oder ein geeistes Sabayon.
1. An der Innenwand unterhalb der Kante bei Portionenförmchen (aus Porzellan oder Silber) oder einer großen Form einen Streifen aus Pergamentpapier ankleben: als Klebstoff dient weiche Butter, mit der man den Papierstreifen auf einer Seite (kommt auf die Form zu liegen) einpinselt. Papierstreifen so ankleben, daß er 3 bis 4 cm über den Förmchenrand reicht.
2. Soufflémasse bis fast an den oberen Papierrand einfüllen.
3. Soufflé im Tiefkühler festwerden lassen. Gefrierzeit: 3–4 Stunden.
4. Vor dem Servieren Papierstreifen entfernen. Fruchtsoufflés mit Staubzucker bestäuben, übrige Sorten mit Schokoladenpulver.

Eistorte (Abb. rechts)

Das Aussehen hat der Süßspeise den Namen gegeben. Häufig wird die Form mit zwei verschiedenen Parfaitmassen gefüllt, z.B. Vanille und Schokolade usw. Nachstehend ein Beispiel, wie man in einem Arbeitsgang eine dreifarbige Eistorte herstellen kann. Als Form eignet sich eine Glasschüssel mit geradem Rand von zirka 20 cm Durchmesser.

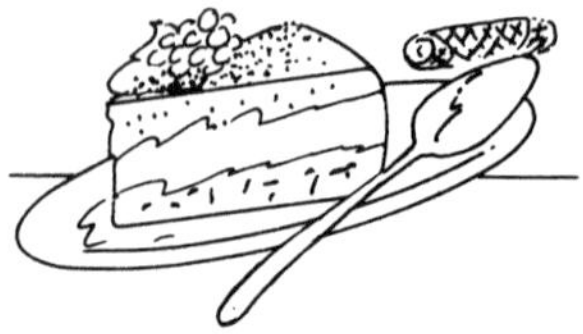

4 Eigelb von Freilandeiern
125 g Akazienhonig
50 ml/0,5 dl Wasser
150 ml/1,5 dl Brombeermark
150 ml/1,5 dl Himbeermark
300 g/3 dl Sahne/Rahm
4 Eiweiß
1 Prise Salz
20 g Zucker

1. Brombeermark/Himbeermark: siehe Sorbets, Seiten 32 bis 39.
2. Eigelb, Honig und Wasser im heißen Wasserbad zu einer dickflüssigen Creme aufschlagen (mit dem Schneebesen).
3. Creme unter ständigem Rühren im Eiswasser (Wasser mit Eiswürfeln) auskühlen lassen.
4. Sahne steif schlagen. Unter die Eimasse ziehen.
5. Eiweiß, Salz und Zucker zu Schnee schlagen. Unter die Eimasse heben.
6. Die Eimasse dritteln. Einem Drittel das Brombeermark beifügen, einem weiteren Drittel das Himbeermark.

Abb. «Eistorte», Rezept oben

7. Die drei Parfaitmassen nacheinander in die Schüssel füllen (Brombeermasse/Naturemasse/Himbeermasse). Im Tiefkühler festwerden lassen. Gefrierzeit: 3–4 Stunden.
Süßstoff: Kristallzucker bei gleicher Zubereitung möglich.
Anrichten: die Schüssel kurz in heißes Wasser tauchen. Den Rand mit einem Messer lösen. Torte auf eine Tortenplatte stürzen.

Geeistes Sabayon auf Weinbasis

Eine einfache, relativ schnelle Zubereitungsart. Die Masse ist etwas flüssiger als die einer Parfaitmasse. Sie hat einen hohen Schmelzpunkt. Das Sabayon eignet sich sehr gut zum Füllen von Gläsern, Puddingformen oder Plastikbechern.

Porto-Sabayon (Abb. Seite 87)

4 Eigelb von Freilandeiern
125 ml/1,25 dl Porto
125 g Zucker
250g/2,5 dl Sahne/Rahm

1. Eigelb im heißen Wasserbad schaumig schlagen.
2. Porto und Zucker aufkochen. Unter ständigem

Rühren zum Eigelb geben. Dazu am besten einen Handmixer verwenden, ansonsten binden sich die einzelnen Zutaten nur ungenügend.
3. Eimasse unter ständigem Rühren im Eiswasser (Wasser mit Eiswürfeln) auskühlen lassen.
4. Sahne steif schlagen. Sorgfältig unter die Eimasse heben.

Sherry-Sabayon

gleiche Zutaten wie Porto-Sabayon, Porto durch Sherry ersetzen

Zubereitung: siehe Porto-Sabayon, Seite 84

Marsala-Sabayon

gleiche Zutaten wie Porto-Sabayon, Porto durch Marsala ersetzen

Zubereitung: siehe Porto-Sabayon, Seite 84

Champagner-Sabayon (Abb. Seite 89)

3 Eigelb von Freilandeiern
100 ml/1 dl Champagner
100 g Zucker
100 g/1 dl Sahne/Rahm

1. Eigelb, Champagner und Zucker im heißen Wasserbad aufschlagen.
2. Eimasse im Eiswasser (Wasser mit Eiswürfeln) kalt schlagen.
3. Sahne steif schlagen und unter die Eimasse heben.

Eiskreationen

Armagnac-Zwetschgen mit Joghurteis

1 Rezeptmenge Joghurt-Eiscreme, Seite 65

500 g Zwetschgen, sehr reif
100 ml/1 dl Rotwein
½ Vanilleschote, aufgeschlitzt
wenig Pfeffer aus der Mühle
60 g Akazienhonig
Armagnac zum Beträufeln
Zitronenmelisse als Garnitur

1. Zwetschgensteine mit der Holzkelle (Stiel) aus der Frucht drücken.
2. Rotwein, Vanilleschote, Pfeffer und Honig in einer großen Pfanne aufkochen. Zwetschgen beigeben. Unter ständigem, vorsichtigem Rühren rund 4 Minuten köcheln lassen. Pfanne von der Herdplatte ziehen. Zwetschgen zugedeckt in der Flüssigkeit erkalten lassen. Vanilleschote entfernen.
3. Zwetschgen auf 4 Teller verteilen. Mit Armagnac beträufeln. Mit einem Suppenlöffel von der Joghurt-Eiscreme Klöße abstechen und je 2 in die Mitte geben. Mit Zitronenmelisse garnieren.

Abb. «Melonenkugeln», Rezept Seite 100, mit «Porto-Sabayon», Rezept Seite 84

Parfait aus Löwenzahnblütenhonig im Zuckernest (Abb. Seite 75)

Parfait aus Löwenzahnblütenhonig, Rezept Seite 74
100 g Zucker
wenig Wasser

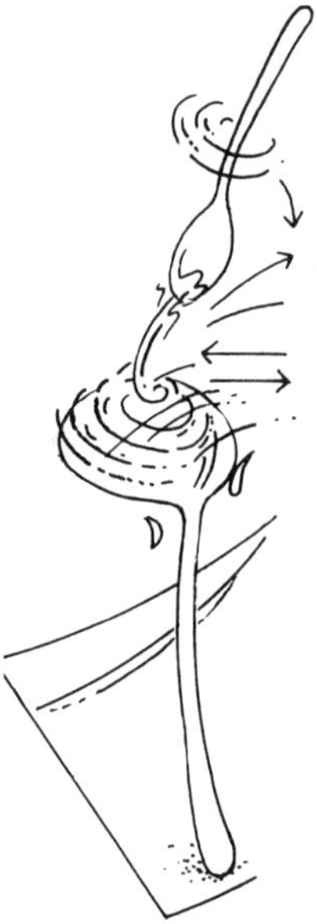

1. Das Parfait aus Löwenzahnblütenhonig in Portionenförmchen füllen. Im Tiefkühler festwerden lassen.
2. Die Arbeitsfläche mit Zeitungspapier auslegen. Den Rücken eines Schöpflöffels von rund 6 cm Durchmesser mit Öl einreiben.
3. Zucker mit wenig Wasser auf mittlerer Stufe auflösen. Unter ständigem Rühren mit der Holzkelle hell karamelisieren. Pfanne von der Herdplatte ziehen. Karamel sofort weiterverarbeiten.
4. Eßlöffel in die Karamelmasse tauchen. Rund 20 cm über dem Rücken des Schöpflöffels Kreise ziehen. Danach den Löffel rechtwinklig zum Schöpflöffelrand in beide Richtungen bewegen. Das «Karamelgeflecht» sorgfältig lösen und auf Tellern anrichten. Zügig drei weitere Geflechte herstellen.
5. Parfaitförmchenrand mit einem Messer lösen. Förmchen kurz in heißes Wasser tauchen. Köpfchen ins Zuckernest setzen. Mit Pfefferminze garnieren.

Zum Parfait passen: saures Kompott, Armagnac-Zwetschgen (Rezept Seite 86), Ingwer-Kirschen (Rezept Seite 90) oder Rumtopffrüchte.

 Abb. «Champagner-Sabayon», Rezept Seite 85

Kirschenbeutel mit Ingwer und Haselnußeis

Strudelteig (reicht für mehr als 4 Beutel)
180 g Weizenvollkornmehl, Kleie ausgesiebt
2 EL Öl
1 KL Essig
½ TL Meersalz
wenig Wasser

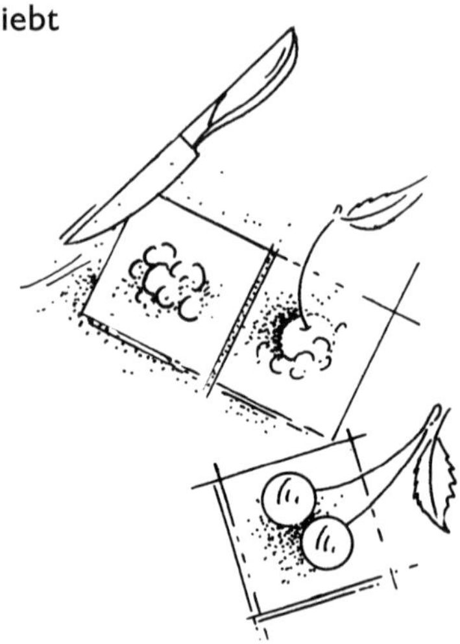

Füllung
200 g Kirschen, entsteint
2 EL Zucker
2 EL Haselnüsse, gerieben
1 EL Brotbrösel/Paniermehl
1 TL Ingwer, frisch gerieben

frische Kirschen samt Stiel als Garnitur
1 Rezeptmenge Nußeis, Rezept Seite 73

1. Strudelteig: Mehl und übrige Zutaten mit soviel lauwarmem Wasser mischen, daß ein mittelfester Teig entsteht. Gut kneten und an einem warmen Ort ruhen lassen. Teig sehr dünn ausrollen und 4 gleich große Quadrate schneiden.
2. Sämtliche Zutaten für die Füllung mischen.
3. Kirschenfüllung in die Mitte jedes Teigstückes geben. Teig wie einen Geldbeutel schließen und leicht zusammendrücken.
4. Kirschenbeutel auf ein leicht gebuttertes Blech setzen. Im vorgeheizten Ofen bei 230 °C 10 Minuten backen. Bei genügender Bräune die Beutel mit einer Alufolie schützen und fertigbacken.
5. Kirschenbeutel auf Tellern anrichten. 1 Kugel Nußeis und frische Kirschen als Garnitur dazugeben.

Eis-Symphonie (Abb. Seite 21)

diverse Sorbets und Eiscremes
diverse Früchte als Garnitur (Himbeeren, Johannisbeeren, Erdbeeren, Melonen, Kiwis)
Couverture zum Verzieren

1. Die Abbildung Seite 13 soll als Idee für kreatives Anrichten von Eis verstanden werden.
2. Beeren ganz lassen. Von der Kiwi und Melone geometrische Formen schneiden oder kleine Kugeln ausstechen.
3. Verzierung: wenig Couverture im Wasserbad schmelzen. In eine kleine selbstgemachte Papiertüte füllen. Papierspitze wegschneiden. Beliebige Verzierungen machen.
4. Eiskugeln darauf anrichten.

Eispalette (Abb. Seite 25)

Teig
100 g Dinkelmehl, Kleie ausgesiebt
100 g Puderzucker
75 g Eiweiß (von zirka 2 Eiern)
50 ml/0,5 dl Milch
40 g flüssige Butter

Erdbeersorbet (Rezept Seite 32)
Holunderblütensorbet (Rezept Seite 52)
Pfefferminzsorbet (Rezept Seite 55)
Brombeersorbet (Rezept Seite 39)
Rhabarber-Joghurteis (Rezept Seite 66)
Vanilleeis (klassisches Rezept Seite 72)

1. Für den Teig Mehl, Puderzucker, Eiweiß und Milch verrühren. Flüssige Butter dazugeben.
2. Großes Backblech mit wenig Butter ausstreichen. Mit Mehl bestäuben. Den Teig mit einem Backpinsel auf das Blech streichen (4 Paletten machen). Mit einem Löffel eine runde Öffnung (Griff der Palette) formen.
3. Teigböden im vorgeheizten Ofen bei 200 °C goldgelb backen. Sofort mit dem Spachtel vom Blech nehmen und auskühlen lassen.
4. Eiskugeln auf den Teigboden setzen.

Haselnußvacherin mit Waldhonigeis gefüllt (Abb. rechts)

Japonaisböden
4 Eiweiß
150 g Zucker
1 Prise Meersalz
100 g geriebene Haselnüsse
50 g Mehl
50 g Zucker
1 Rezeptmenge Waldhonigeis, Rezept Seite 60
Couverture zum Verzieren

1. Für den Japonaisboden das Eiweiß mit der Prise Salz schlagen. Die 150 g Zucker nach und nach beifügen und so lange schlagen, bis das Eiweiß steif ist. Geriebene Haselnüsse, Mehl und Zucker sorgfältig darunterziehen.
2. Teigmasse in einen Spritzsack mit Lochtülle einfüllen. Auf ein gebuttertes und gemehltes Blech oder auf ein Backpapier spiralenförmig, gleich einer Schnecke, 8 Rondellen von zirka

Abb. «Haselnussvacherin», Rezept oben, mit «Waldhonigeis», gefüllt, Rezept Seite 60

5 cm Durchmesser spritzen. Im vorgeheizten Ofen bei 180 °C kurz backen.
3. Fertigstellen: Auf den ersten Boden eine Kugel Eis geben. Den zweiten Boden daraufsetzen. Vorsicht: das Eiweißgebäck ist sehr zerbrechlich. Als Abschluß eine Eiskugel.
4. Verzierung: Wenig Couverture im Wasserbad schmelzen. Schokolade in eine kleine selbstgemachte Papiertüte füllen. Papierspitze wegschneiden. Vacherin verzieren.
Tip: In Kirsch eingelegte Kirschen passen ausgezeichnet zu dieser Süßspeise.

Aprikosenbonbons mit Vanille-Quarkeis und Marillensabayon

16 sehr reife Aprikosen
16 Würfelzucker
Marillenschnaps (Aprikosenschnaps)
1 Portion Strudelteig, Rezept Seite 90
1 Eigelb zum Anstreichen
Pfefferminze als Garnitur

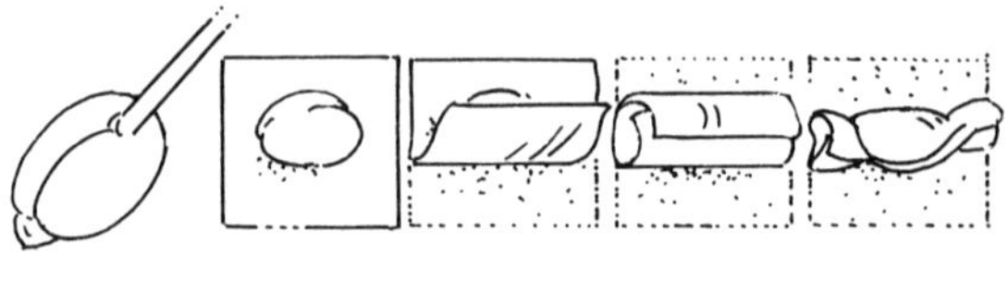

Sabayon
3 Eigelb von Freilandeiern
1 EL Zucker
150 ml/1,5 dl Weißwein
50 ml/0,5 dl Aprikosenschnaps

1 Rezeptmenge Vanille-Quarkeis, Rezept Seite 70

1. Aprikosensteine mit der Holzkelle (Stiel) aus der Frucht drücken. Den Würfelzucker mit Marillenschnaps beträufeln. In die Frucht stossen.
2. Strudelteig sehr dünn ausrollen. 16 Rechtecke schneiden. Die Aprikosen gemäß Zeichnung einpacken. Teigenden wie ein Bonbonpapier leicht drehen. Bonbons mit Eigelb anstreichen. Im vorgeheizten Ofen bei 230°C 5 Minuten backen.
3. Sämtliche Zutaten für das Sabayon im warmen Wasserbad schaumig schlagen (mit dem Schneebesen). Sofort anrichten.
4. Anrichten: siehe Zeichnung.

Fruchtspießchen mit Vanillesauce und Mirabellensorbet (Abb. Seite 97)

1 Rezeptmenge Mirabellensorbet, Rezept Seite 45
Saisonfrüchte
Goldmelisse als Garnitur

Vanillesauce
125 ml/1,25 dl Milch
125 g/1,25 dl Sahne/Rahm
1 Vanilleschote, aufgeschlitzt
2 Eigelb von Freilandeiern
50 g Akazienhonig

1. Vanillesauce: Vanillesamen herauskratzen und zur Milch geben. Schoten, Milch und Sahne aufkochen.
2. Eigelb und Honig zu einer dickflüssigen Creme rühren. Die heiße Flüssigkeit dazugeben. Eicreme in die Pfanne zurückgeben. Auf kleiner Stufe unter ständigem Rühren so lange köcheln, bis die Creme bindet. Vanilleschoten entfernen.
3. Die Vanillesauce im Eiswasser (Wasser mit Eiswürfeln) auskühlen lassen. Von Zeit zu Zeit rühren.
4. Die vorbereiteten Früchte (siehe Abbildung) auf Spießchen reihen.
5. Mit der Vanillesauce einen Spiegel machen. Spießchen darauflegen. Eine Kugel Mirabellensorbet dazugeben. Mit Goldmelisse garnieren.
Süßstoff: Kristallzucker möglich.

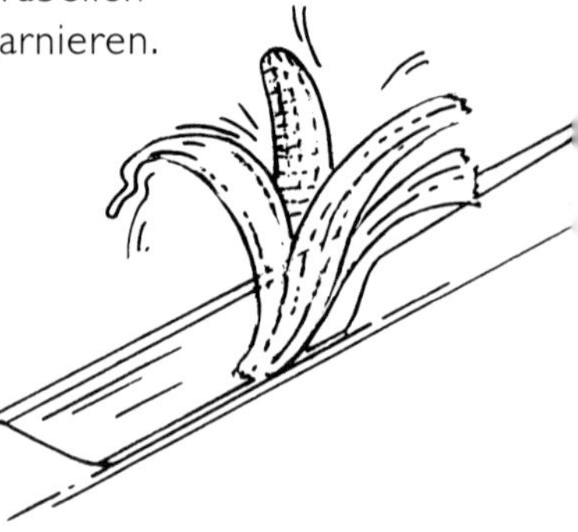

Schokoladeneis mit Banane im Reismantel (Abb. Seite 63)

2 reife Bananen (½ Banane pro Person)
grüner Reis*
Schokoladeneis, Rezept Seite 62

1. Bananen schälen und längs halbieren. Beidseitig kräftig in den grünen Reis drücken. In einer Bratpfanne in reichlich Butter beidseitig braten. Auf einem Küchenpapier abtropfen lassen.
2. Gebratene Banane und Eis anrichten.

* Der halbreife, noch grüne Reis wird gequetscht und alsdann getrocknet. Beim Braten verhält er sich ähnlich wie Popcorn, d.h. die Reiskörner gehen auf. Erhältlich ist der Reis in Feinkostläden/Comestibles.

Abb. «Fruchtspießchen mit Vanillesauce», Rezept Seite 95, «Mirabellensorbet», Rezept Seite 45

Feine Crêpes mit Cognacquitten und Karamel-Joghurteis (Abb. Seite 67)

für 8 Personen
Crêpes
75 g Dinkel- oder Weizenvollkornmehl, Kleie ausgesiebt
2 Freilandeier
20 g Akazienhonig
250 ml/2,5 dl Milch
wenig abgeriebene Orangen- und Zitronenschale (mit der Bircherreibe reiben)
½ EL flüssige Butter

Cognacquitten
800 g Quitten
400 ml/4 dl Wasser
200 g Zucker
Saft einer Zitrone
3 Nelken
150 ml/1,5 dl Cognac

1 Rezeptmenge Karamel-Joghurteis, Rezept Seite 68
Couverture für Verzierungen

1. Cognacquitten: Wasser, Zucker und Zitronensaft aufkochen. Die Quitten schälen und vierteln. Mit einem kleinen scharfen Messer das Kerngehäuse großzügig herausschneiden. Quittenviertel dritteln. Die Quittenstückchen in eine gefällige Form schneiden (Reste für Gelee verwenden). Rasch in den Zuckersirup geben, damit die Früchte nicht braun werden. Quittenstückchen auf kleinem Feuer zugedeckt glasig kochen. In ein Einmachglas füllen (ohne Sirup). Nelken dazugeben.
2. Sirup auf 150 ml/1,5 dl einköcheln lassen.

Flüssigkeit erkalten lassen. Mit dem Cognac verrühren und zu den Quitten geben. Glas gut verschließen. An einem kühlen Ort mindestens 4 Wochen ziehen lassen.

3. Crêpes: Mehl, Eier, Honig, Milch und abgeriebene Zitrusfruchtschalen gut verrühren. Die flüssige Butter dazugeben. In einer nicht klebenden Pfanne 8 sehr dünne Pfannkuchen von 16 cm Durchmesser ausbacken.

4. Anrichten: Die warmen Crêpes mit den Quittenstückchen füllen. Eventuell eine Schokoladenzeichnung machen (siehe Eis-Symphonie, Seite 21). 2 Kugeln Karamel-Joghurteis dazugeben.

Brombeerschale (Abb. Seite 71)

Vanille-Quarkeis, Rezept Seite 70
sehr reife Brombeeren
Crème fraîche/Doppelrahm
Pfefferminzblättchen als Garnitur

1. Crème fraîche in Gläser oder Glasschalen füllen. Brombeeren dazugeben. 1 Kugel Vanille-Quarkeis in die Mitte setzen. Mit Pfefferminzblättchen garnieren.

Zimtparfait mit Ingwerkirschen

Ingwerkirschen
1 kg Kirschen, entsteint
300 ml/3 dl Wasser
90 g Zucker
90 g Gelierzucker
1 kleines Stück frischer Ingwer, gerieben

1 Rezeptmenge Zimtparfait, Rezept Seite 76

1. Kirschen in Einmachgläser füllen. Wasser, Zucker, Gelierzucker und Ingwer aufkochen. Auf die Gläser verteilen. 10 Minuten sterilisieren.
2. Kirschen mit etwas Saft in tiefe Teller geben. Rand des Parfaitförmchens mit einem Messer lösen. Förmchen kurz unter heißes Wasser halten. Zimtköpfchen auf die Kirschen stürzen.

Melonenkugeln mit Porto-Sabayon

1 Rezeptmenge Porto-Sabayon, Rezept Seite 84, in Portionenförmchen
verschiedene Melonen (Honigmelone, Wassermelone, Cavaillonmelone)
Zitronensaft, Zucker

1. Zitronensaft und Zucker verrühren. Melonen halbieren, Kerne entfernen. Mit einem Kugelausstecher Kugeln ausstechen. Im Zitronensaft marinieren. Melonenreste für ein Sorbet verwenden.
2. Mit den Melonenkugeln einen Kreis bilden. Rand des Parfaitförmchens mit einem Messer lösen. Förmchen kurz in heißes Wasser tauchen. Köpfchen in die Tellermitte stürzen.

Spezialitäten

Wiener Eiskaffee (Abb. Seite 59)

1 Kugel Vanilleeis pro Person, Rezept Seite 58
Espressokaffee

Pro Person einen Espresso in eine Kaffeetasse geben. Eine Kugel Vanilleeis dazugeben. Sofort servieren.

Irish-Ice-Coffee im Glas

1–2 Kugeln Vanilleeis pro Person, Rezept Seite 58
Whisky
Sahne/Rahm, halbsteif geschlagen
Espressokaffee

Espresso ins Glas geben. Mit dem Whisky parfümieren. 1–2 Kugeln Vanilleeis ins Glas geben. Mit der Sahne garnieren.

Swiss-Ice-Coffee im Glas

gleiche Zutaten wie Irish-Ice-Coffee, Whisky durch Kirsch oder Pflümli (gebranntes Zwetschgenwasser) ersetzen

Kinderdesserts

Geburtstagsclown (Abb. Seite 17)

weiße und dunkle Couverture
pro Kind 2 Kugeln Eis nach Wahl
Eishörnchen/Eiscornets (Konditorei/Bäckerei usw.)

1. Weiße und dunkle Couverture im Wasserbad schmelzen. Je in eine kleine selbstgemachte Papiertüte füllen. Papierspitze wegschneiden. Je nach Anlaß etwas auf den Tellerrand schreiben oder Verzierungen anbringen. Kragenspitzen mit brauner Schokolade zeichnen. Sobald die Schokolade trocken ist, mit bunten Fruchtgelees ausmalen. 2 Eiskugeln aufeinandersetzen. Eishörnchen/Eiscornet als Hut verwenden. Mit der Schokolade Augen, Nase und Mund machen. Und schon kann man die Überraschung servieren.

Eis-Spaghetti

Vanilleeis, Rezept Seite 58 oder 72

Variante 1: Vanilleeis in die Vermicellepresse oder ins Spätzlesieb geben. Auf vorgekühlte Teller Spaghettis drücken. Variante 2: Eis in einen Spritzsack mit feiner Lochtülle füllen und spaghettiähnliche Fäden spritzen. Mit Erdbeer- oder Himbeermark «Tomatensauce» imitieren, mit geriebenen Kokosnüssen den Käse.

Abb. «Eis-Spaghetti», Rezept oben

Zum Autor

Thuri Maag führt zusammen mit seiner Gattin das Restaurant Thuri's Blumenau in Lömmenschwil/SG, einem Ort unweit des Bodensees und nahe der Kulturstadt St. Gallen. Sein berufliches Rüstzeug holte sich der ehrgeizige Koch vor allem in renommierten Gaststätten in Frankreich. Angelehnt an die traditionelle französische Küche fand Thuri Maag schon früh seinen eigenen Stil: seine Küche lebt von Naturprodukten, die er von Produzenten in der Umgebung bezieht und zum Teil auch selber sammelt. Der Kulinariker ist überzeugt, daß eine naturnahe Küche nicht nur besser, sondern auch gesünder ist.